SOLID
RÁPIDO E FÁCIL

AVNER MAYER

CONCEITO DE SOLID

O **SOLID** é um acrônimo que representa cinco princípios de projeto de software que ajudam a melhorar a estrutura e a manutenibilidade do código. Esses princípios incluem:

Princípio da Responsabilidade Única (Single Responsibility Principle, SRP): cada classe ou módulo deve ter apenas uma única responsabilidade e seus detalhes devem ser ocultados atrás de uma interface apropriada.

Princípio do Aberto-Fechado (Open-Closed Principle, OCP): as classes devem ser projetadas de maneira a permitir a extensão sem a necessidade de modificação.

Princípio da Substituição de Liskov (Liskov Substitution Principle, LSP): classes derivadas devem ser substituíveis pelo tipo base sem alterar o comportamento esperado do programa.

Princípio da Segregação da Interface (Interface Segregation Principle, ISP): as interfaces devem ser pequenas e específicas para atender apenas às necessidades daqueles que as utilizam.

Princípio de Inversão de Dependência (Dependency Inversion Principle, DIP): a dependência deve ser invertida em relação ao nível de abstração. A aplicação deve depender de abstrações, não de implementações concretas.

Aplicar esses princípios no design do software ajuda a tornar o código mais fácil de manter e escalar ao longo do tempo, além de aumentar a capacidade de reutilização e a flexibilidade do sistema.

PRINCÍPIO DA RESPONSABILIDADE ÚNICA

O Princípio da Responsabilidade Única (Single Responsibility Principle, SRP) é uma das diretrizes da programação orientada a objetos (POO) que diz que cada classe deve ter apenas uma responsabilidade única. Em outras palavras, uma classe deve ter apenas uma razão para mudar. Isso significa que a classe deve ser projetada de forma a ser responsável por uma única tarefa e não ser misturada com outras responsabilidades.

Em Python, o SRP pode ser implementado de várias maneiras. Aqui está um exemplo de como o SRP pode ser aplicado a uma classe que representa uma conta bancária:

```python
class ContaBancaria:
    def __init__(self, nome, saldo):
        self.nome = nome
        self.saldo = saldo

    def depositar(self, valor):
        self.saldo += valor
```

```python
def retirar(self, valor):
    if valor <= self.saldo:
        self.saldo -= valor
    else:
        print("Saldo insuficiente")
```

Neste exemplo, a classe **ContaBancaria** tem apenas uma responsabilidade, que é gerenciar uma conta bancária. Ela tem métodos para depositar e retirar dinheiro da conta, mas não tem nenhuma outra responsabilidade além disso. Isso permite que a classe seja facilmente reutilizada e mantida, uma vez que todas as suas responsabilidades são claras e bem definidas.

O PRINCÍPIO DO ABERTO-FECHADO

O Princípio do Aberto-Fechado (Open-Closed Principle, OCP) é a ideia de que as classes e componentes devem ser abertos para extensão, mas fechados para modificação. Em outras palavras, as classes devem ser projetadas de tal forma que possam ser estendidas para incluir novas funcionalidades, sem precisar modificar o código fonte da classe original.

Aqui está um exemplo em Python que demonstra o uso do OCP:

```python
class Shape:
    def __init__(self, type_):
        self.type_ = type_

    def area(self):
        pass

class Rectangle(Shape):
    def __init__(self, width, height):
        super().__init__("rectangle")
        self.width = width
        self.height = height

    def area(self):
        return self.width * self.height

class Circle(Shape):
    def __init__(self, radius):
```

```
        super().__init__("circle")
        self.radius = radius

    def area(self):
        return 3.14 * self.radius * self.radius

class Triangle(Shape):
    def __init__(self, base, height):
        super().__init__("triangle")
        self.base = base
        self.height = height

    def area(self):
        return 0.5 * self.base * self.height
```

Neste exemplo, a classe **Shape** é projetada para ser aberta para extensão, pois as subclasses **Rectangle**, **Circle** e **Triangle** herdam de **Shape** e implementam sua própria versão da função **area**. Isso significa que novos tipos de formas podem ser adicionados à aplicação sem precisar modificar a classe **Shape**. Ao mesmo tempo, a classe **Shape** é fechada para modificação, pois sua implementação original não precisa ser alterada.

O PRINCÍPIO DE SUBSTITUIÇÃO DE LISKOV

O Princípio de Substituição de Liskov (PSL) é um dos 5 Princípios de Design SOLID e se concentra na relação entre as classes na hierarquia de herança. O PSL afirma que uma classe derivada deve ser substituível por sua classe base, sem afetar a correção do programa.

Isso significa que uma classe derivada deve ser capaz de ser usada no lugar de sua classe base, sem causar problemas ou comportamentos inesperados. Isso garante que o código é coeso e consistente, o que é importante para manter a qualidade do software.

Exemplo em Python:

```python
class Animal:
    def __init__(self, nome):
        self.nome = nome

    def falar(self):
        raise NotImplementedError
```

```python
class Cachorro(Animal):
    def falar(self):
        return "Au Au"

class Gato(Animal):
    def falar(self):
        return "Miau"

# Aqui podemos usar o Cachorro ou o Gato em lugar do
Animal
# sem afetar a correção do programa
animais = [Cachorro("Bobby"), Gato("Tom")]
for animal in animais:
    print(animal.falar())
```

Neste exemplo, a classe **Cachorro** e a classe **Gato** são derivadas da classe **Animal**, e ambas implementam o método **falar()**. Isso garante que, independentemente de quem é chamado, a saída será correta e coerente.

O PRINCÍPIO DA SEGREGAÇÃO DA INTERFACE

O princípio da Segregação da Interface (Interface Segregation Principle, ISP) diz que uma classe não deve ser forçada a implementar interfaces que não utiliza. Em outras palavras, as interfaces devem ser projetadas para serem específicas para as necessidades das classes que as implementam.

Aqui está um exemplo em Python:

```python
# Interface A
class Shape:
    def draw(self):
        pass

# Interface B
class ResizableShape:
    def resize(self, factor):
        pass

# Classe Circle implementa apenas Shape
class Circle(Shape):
    def draw(self):
        print("Desenhando círculo")

# Classe Square implementa apenas Shape
class Square(Shape):
```

```python
    def draw(self):
        print("Desenhando quadrado")

# Classe ResizableCircle implementa Shape e ResizableShape
class ResizableCircle(Shape, ResizableShape):
    def draw(self):
        print("Desenhando círculo redimensionável")

    def resize(self, factor):
        print(f"Redimensionando círculo em {factor}")

# Uso
shapes = [Circle(), Square(), ResizableCircle()]
for shape in shapes:
    shape.draw()
    if isinstance(shape, ResizableShape):
        shape.resize(2)
```

Neste exemplo, as classes Circle e Square implementam apenas a interface Shape, que possui apenas o método **draw()**. A classe ResizableCircle, por outro lado, implementa as duas interfaces, Shape e ResizableShape, e possui os métodos **draw()** e **resize()**.

Desta forma, ao percorrer a lista **shapes**, somente a classe ResizableCircle será capaz de chamar o método **resize()**, pois é a única que o implementa, seguindo o princípio da Segregação da Interface.

O PRINCÍPIO DE INVERSÃO DE DEPENDÊNCIA

O princípio de Inversão de Dependência (Dependency Inversion Principle, DIP) em engenharia de software sugere que as dependências de um sistema devem ser definidas com interfaces abstratas, ao invés de dependências concretas. Isso permite que as dependências sejam substituídas por implementações diferentes sem afetar o funcionamento do sistema.

A seguir, apresentamos um exemplo de como implementar o princípio de Inversão de Dependência em Python:

```python
# Criamos uma interface abstrata
class AbstractClass:
    def do_something(self):
        pass

# Criamos uma classe concreta que implementa a interface
abstrata
class ConcreteClass(AbstractClass):
    def do_something(self):
        print("ConcreteClass doing something")

# Criamos outra classe concreta que implementa a interface
abstrata
```

```
class AnotherConcreteClass(AbstractClass):
  def do_something(self):
    print("AnotherConcreteClass doing something")

# Criamos uma classe que depende de uma interface abstrata
class Client:
  def __init__(self, obj: AbstractClass):
    self._obj = obj

  def call_method(self):
    self._obj.do_something()

# Instanciamos as classes concretas e as usamos na classe
Client
concrete_class = ConcreteClass()
another_concrete_class = AnotherConcreteClass()

client = Client(concrete_class)

client.call_method() # Imprime "ConcreteClass doing
something"

client = Client(another_concrete_class)
client.call_method() # Imprime "AnotherConcreteClass doing
something"
```

Neste exemplo, vemos que as classes Client, ConcreteClass e AnotherConcreteClass dependem da interface abstrata **AbstractClass**. Isso permite que as implementações concretas sejam substituídas sem afetar o funcionamento da classe Client.SOLID EM JAVA

JAVA - RESPONSABILIDADE ÚNICA

Neste exemplo, a classe **Email** tem uma única responsabilidade, que é armazenar informações de email, enquanto a classe

EmailSender tem uma única responsabilidade, que é enviar emails. Isso torna o código mais fácil de manter e mudar, pois as alterações em uma classe não afetam as outras.

```java
class Email {
  private String emailAddress;
  private String message;

  public Email(String emailAddress, String message) {
    this.emailAddress = emailAddress;
    this.message = message;
  }

  public String getEmailAddress() {
    return emailAddress;
  }

  public String getMessage() {
    return message;
  }
}

class EmailSender {
  public void sendEmail(Email email) {
    // Aqui você pode implementar a lógica de envio de email
    System.out.println("Enviando email para: " +
email.getEmailAddress());
    System.out.println("Mensagem: " + email.getMessage());
  }
}
```

JAVA – PRINCIPIO ABERTO-FECHADO

Neste exemplo, a classe **AreaCalculator** é responsável por calcular a área de uma forma geométrica. Ela trabalha com a interface **Shape**, que é implementada por duas classes concretas, **Circle** e **Rectangle**.

Se houver a necessidade de adicionar novas formas geométricas, como um triângulo ou um quadrado, isso pode ser feito sem precisar modificar a classe **AreaCalculator**. Basta adicionar uma nova classe que implemente a interface **Shape**. Dessa forma, a classe **AreaCalculator** permanece fechada para modificações, mas aberta para extensões.

```java
interface Shape {
  double calculateArea();
}

class Circle implements Shape {
  private double radius;
  public Circle(double radius) {
    this.radius = radius;
  }
  public double calculateArea() {
    return Math.PI * radius * radius;
  }
}
```

```java
class Rectangle implements Shape {
  private double width;
  private double height;
  public Rectangle(double width, double height) {
    this.width = width;
    this.height = height;
  }
  public double calculateArea() {
    return width * height;
  }
}

class AreaCalculator {
  private Shape[] shapes;
  public AreaCalculator(Shape[] shapes) {
    this.shapes = shapes;
  }
  public double calculate() {
    double total = 0;
    for (Shape shape : shapes) {
      total += shape.calculateArea();
    }
    return total;
  }
}
```

JAVA – PRINCÍPIO DA SUBSTITUIÇÃO DE LISKOV

Neste exemplo, a classe **Animal** é a classe base e **Dog** e **Cat** são suas subclasses. Cada subclasse sobrescreve o método **makeSound** da classe base para produzir um som diferente. Agora, podemos chamar o método **makeSound** de uma referência de objeto da classe **Animal** e obter a saída correta, independentemente de se o objeto for realmente uma instância de **Animal**, **Dog** ou **Cat**:

```java
public class Animal {
  public void makeSound() {
    System.out.println("Animal making sound");
  }
}

public class Dog extends Animal {
  @Override
  public void makeSound() {
    System.out.println("Dog barks");
  }
}

public class Cat extends Animal {
  @Override
  public void makeSound() {
```

```
    System.out.println("Cat meows");
  }
}
```

Neste exemplo, podemos ver que o princípio da substituição de Liskov é seguido, pois as subclasses **Dog** e **Cat** são substituíveis pela classe base **Animal** sem causar erros no programa.

```
Animal myAnimal = new Animal();
Animal myDog = new Dog();
Animal myCat = new Cat();

myAnimal.makeSound(); // saída: Animal making sound
myDog.makeSound();  // saída: Dog barks
myCat.makeSound();  // saída: Cat meows
```

JAVA – PRINCÍPIO DA SEGREGAÇÃO DA INTERFACE

Nesse exemplo, há uma interface chamada **Automovel** que define os métodos que todo automóvel deve ter. A classe **Carro** e a classe **Moto** implementam essa interface, ou seja, definem o comportamento desses métodos. Assim, as classes **Carro** e **Moto** possuem uma única interface, ou seja, os métodos públicos definidos na interface **Automovel**, e esse é um exemplo de aplicação do Princípio da Segregação da Interface em Java.

```java
public interface Automovel {
void acelerar();
void frear();
void mudarMarcha();
}

public class Carro implements Automovel {
@Override
public void acelerar() {
    // Código para acelerar o carro
}

@Override
public void frear() {
    // Código para frear o carro
}
```

```java
@Override
public void mudarMarcha() {
    // Código para mudar a marcha do carro
    }
}

public class Moto implements Automovel {
    @Override
    public void acelerar() {
        // Código para acelerar a moto
    }

    @Override
    public void frear() {
        // Código para frear a moto
    }

    @Override
    public void mudarMarcha() {
        // Código para mudar a marcha da moto
    }
}
```

JAVA - PRINCÍPIO DA INVERSÃO DE DEPENDÊNCIA

Neste exemplo, temos duas classes de implementação de Engine (ElectricEngine e GasolineEngine), e uma classe Car que depende de Engine. Ao invés de a classe Car depender diretamente de ElectricEngine ou GasolineEngine, ela depende da interface Engine. Isso significa que podemos substituir a implementação de Engine sem precisar mudar a classe Car. Este é o objetivo do DIP, invertendo as dependências para torná-las mais flexíveis e menos acopladas.

```java
interface Engine {
  void start();
}

class ElectricEngine implements Engine {
  @Override
  public void start() {
    System.out.println("Starting electric engine");
  }
}

class GasolineEngine implements Engine {
  @Override
  public void start() {
    System.out.println("Starting gasoline engine");
  }
}
```

```java
class Car {
 private Engine engine;

 Car(Engine engine) {
  this.engine = engine;
 }

 void startEngine() {
  engine.start();
 }
}
```

SOLID EM GO

GO - RESPONSABILIDADE ÚNICA

Neste exemplo, a struct **Pessoa** tem apenas duas informações, **nome** e **idade**. Cada uma dessas informações é exibida por uma função separada, **ExibirNome** e **ExibirIdade**, garantindo que cada função tenha uma única responsabilidade. Dessa forma, se houver uma mudança em como a idade é exibida, por exemplo, a mudança pode ser feita apenas na função **ExibirIdade** sem afetar a função **ExibirNome**

```go
package main

import "fmt"

// Uma struct para representar uma pessoa
type Pessoa struct {
    nome string
    idade int
}

// Função responsável por exibir o nome da pessoa
func (p Pessoa) ExibirNome() {
    fmt.Println("Nome:", p.nome)
}

// Função responsável por exibir a idade da pessoa
func (p Pessoa) ExibirIdade() {
    fmt.Println("Idade:", p.idade)
}
```

```
func main() {
    pessoa := Pessoa{
    nome: "João",
    idade: 32,
    }

    pessoa.ExibirNome()
    pessoa.ExibirIdade()
}
```

GO – PRINCIPIO ABERTO-FECHADO

Neste exemplo, a interface **Shape** é aberta para extensão, pois pode ser implementada por novas formas geométricas adicionais. A implementação específica de cada forma geométrica, como **Rectangle** e **Circle**, é fechada para modificação, pois não precisa ser alterada para funcionar com a interface **Shape**.

```go
package main

type Shape interface {
    Area() float64
}

type Rectangle struct {
    width  float64
    height float64
}

func (r *Rectangle) Area() float64 {
    return r.width * r.height
}

type Circle struct {
    radius float64
}

func (c *Circle) Area() float64 {
    return math.Pi * c.radius * c.radius
```

```go
}

func main() {
    shapes := []Shape{&Rectangle{10, 20}, &Circle{5}}

    for _, shape := range shapes {
        fmt.Println(shape.Area())
    }
}
```

GO – PRINCÍPIO DA SUBSTITUIÇÃO DE LISKOV

Neste exemplo, as structs **Cachorro** e **Gato** implementam a interface **Animal** e são passadas como argumentos para a função **dizerOQueAnimalFala**. Isso é possível graças ao princípio da substituição de Liskov, que garante que as subclasses podem ser usadas em lugares onde as classes base são esperadas, sem causar problemas ou mudanças inesperadas no comportamento do programa.

```go
package main

import (
        "fmt"
)

// Aqui estamos definindo uma interface Animal com um
método comum, Falar.
type Animal interface {
        Falar() string
}

// Aqui estamos criando uma struct Cachorro implementando a
interface Animal.
type Cachorro struct{}

func (c Cachorro) Falar() string {
        return "Au Au!"
```

```go
}

// Aqui estamos criando uma struct Gato implementando a
// interface Animal.
type Gato struct{}

func (g Gato) Falar() string {
    return "Miau Miau!"
}

// Aqui estamos definindo uma função que espera uma
// interface Animal como argumento.
func dizerOQueAnimalFala(a Animal) {
    fmt.Println(a.Falar())
}

func main() {
    cachorro := Cachorro{}
    gato := Gato{}

    // Aqui estamos chamando a função com as structs
    // Cachorro e Gato como argumento,
    // sem precisar se preocupar se elas implementam a
    // interface Animal corretamente.
    // Isso é possível graças ao princípio da substituição de
    // Liskov.
    dizerOQueAnimalFala(cachorro)
    dizerOQueAnimalFala(gato)
}
```

GO – PRINCÍPIO DA SEGREGAÇÃO DA INTERFACE

Neste exemplo, as structs Rectangle e Circle implementam a interface Shape, o que significa que ambas devem implementar o método Area(). Além disso, a função getArea() recebe um parâmetro de qualquer tipo que implemente a interface Shape, o que permite que você possa chamar a função com qualquer struct que implemente a interface, independentemente de sua implementação concreta. Isso garante que as classes tenham uma interface clara e bem definida, o que ajuda a garantir a flexibilidade e a manutenibilidade do código.

```go
package main

import "fmt"

// Define a interface Shape com o método Area.
type Shape interface {
    Area() float64
}

// Cria uma struct Rectangle.
type Rectangle struct {
    width float64
    height float64
}

// Implementa o método Area para a struct Rectangle.
```

```go
func (r Rectangle) Area() float64 {
    return r.width * r.height
}

// Cria uma struct Circle.
type Circle struct {
    radius float64
}

// Implementa o método Area para a struct Circle.
func (c Circle) Area() float64 {
    return 3.14 * c.radius * c.radius
}

// Função que recebe qualquer tipo que implemente a
// interface Shape.
func getArea(s Shape) float64 {
    return s.Area()
}

func main() {
    r := Rectangle{width: 10, height: 5}
    c := Circle{radius: 7}

    fmt.Println("Area of rectangle is:", getArea(r))
    fmt.Println("Area of circle is:", getArea(c))
}
```

GO - PRINCÍPIO DA INVERSÃO DE DEPENDÊNCIA

Neste exemplo, temos a interface **Notifier** que define a funcionalidade de notificação. Temos duas implementações concretas dessa interface, **EmailNotifier** e **SMSNotifier**, que representam diferentes formas de enviar uma notificação.

O **UserService** usa a interface **Notifier**, não se preocupa com a implementação específica. Isso é feito através da injeção de dependência, onde criamos duas instâncias de **UserService** com implementações diferentes de **Notifier**.

Este é um exemplo simples que ilustra como o princípio da inversão de dependência pode ser implementado em Go.

```go
// A interface que define a funcionalidade que precisamos
type Notifier interface {
  Notify(message string)
}

// Uma implementação concreta da interface
type EmailNotifier struct {}

func (e *EmailNotifier) Notify(message string) {
```

```go
	fmt.Println("Enviando email com a mensagem:", message)
}

// Uma outra implementação concreta da interface
type SMSNotifier struct {}

func (s *SMSNotifier) Notify(message string) {
	fmt.Println("Enviando SMS com a mensagem:", message)
}

// Um exemplo de uso da injeção de dependência
type UserService struct {
	Notifier Notifier
}

func (u *UserService) SignUp(user User) {
	// Aqui estamos usando a interface Notifier, não precisamos
nos preocupar com a implementação específica
	u.Notifier.Notify("Novo usuário criado: " + user.Username)
}


func main() {
	emailNotifier := &EmailNotifier{}
	smsNotifier := &SMSNotifier{}

	// Criando duas instâncias de UserService com
implementações diferentes de Notifier
	emailUserService := &UserService{Notifier: emailNotifier}
	smsUserService := &UserService{Notifier: smsNotifier}

	emailUserService.SignUp(User{Username: "johhpace"})
	// Saída: Enviando email com a mensagem: Novo usuário
criado: johnpace

	smsUserService.SignUp(User{Username: "janefonda"})
	// Saída: Enviando SMS com a mensagem: Novo usuário
```

```
criado: janefonda
}
```